우리는 지독했던
사랑 때문에 헤어졌습니다

우리는 지독했던
사랑 때문에 헤어졌습니다

초판 1쇄 인쇄 2010년 04월 09일

초판 1쇄 발행 2010년 04월 16일

지은이 | 정화준

펴낸이 | 손형국

펴낸곳 | (주)에세이퍼블리싱

출판등록 | 2004. 12. 1(제315-2008-022호)

주소 | 157-857 서울특별시 강서구 방화3동 822-1 화이트하우스 2층

홈페이지 | www.essay.co.kr

전화번호 | (02)3159-9638~40

팩스 | (02)3159-9637

ISBN 978-89-6023-358-4 03810

우리는 지독했던 사랑 때문에 헤어졌습니다

정화준

ESSAY

시집을 내면서

인류는 민족의 전통과 자연이 공존하는 가운데 순수한 문화를 추구해 왔습니다. 시의 인생은 산책을 떠나는 설레는 마음입니다. 시는 우주의 혼돈과 별을 바라보는 순수한 동화의 미래입니다.

이 시대에 우리는 미래를 준비하고 다가올 세계 문학의 마당에 참여하는 문학인이 되어야 합니다. 여러분들의 경험과 추억을 같이 느끼는 글을 쓰기 위해 노력했고 자연과 인간의 삶의 문제를 풀어가는 마음으로 시를 쓰게 되었습니다.

시집 발간을 위해 시간과 노력을 허락해 주신 많은 분들에게 머리 숙여 감사를 드립니다.

바로 지금 시의 세계로 당신을 초청합니다.

2010년 4월

정화준

차례

제1부

청춘예찬

제2부

우리는 짧지만 지독했던 사랑 때문에 헤어졌습니다

제1부

청춘예찬

젊은 시절의 특강

난 방황했어

내 자신 속에 떠나고 싶은

결핍감으로 시달려야 했다

단숨에 미지의 세계

허황된 수 없는 꿈이

채워질 들판으로

우리는 지독했던 사랑 때문에
헤어졌습니다

청춘예찬

가녀린 외모와

수줍던 그 청춘

오래전

자유롭고 싶은

꽃다운 여우비 사랑

우리는 지독했던 사랑 때문에
헤어졌습니다

봄바람

입춘이 되면 봄바람

땅을 녹이고 벌레가 움직인다

봄~강은 은어가 어름 밑을

돌아다닌다

봄~바람이 불면

춘~보리 뽑아 가난에

딸을 보낸다

우리는 지독했던 사랑 때문에
헤어졌습니다

먼 산야 목기러기

먼 산야의 목기러기는
고향 그리워 돌아가고
윤이 나는 까치가 가지를
틀어 보금자리를 치고
알락달락 모양새 소식이
없는 새 꼬리가 운다

* 나는 인생이 바쁜면서 여유가 있는
그런데 가고 싶다

우리는 지독했던 사랑 때문에
헤어졌습니다

사파이어

그녀의 얼굴처럼

고혹적인 기울기에 따라

색을 달리해서

넋을 빼놓습니다.

황금색으로 물들 때

멀리서 찬란스런

유색 루비 사파이어 옥

향기가 나는 듯

달이 떴을 때 사파이어 선율은

느낌으로 나타나 떠났습니다

우리는 지독했던 사랑 때문에
헤어졌습니다

사람의 시선

저 사람

저 사람이 내게로 왔다

세월을 잊은 사람처럼

아쉬움도 모르고

시선은 어디로 가는가

사람은

다시금 그들의

목소리를 들을 수

있을까

처음 그 사람은

누구인가

적지 않은 상처였을 게다

이 모습이 반갑다

그의 목소리를 들을 수

있다는 건

분명 반가운 일이다

평소에 내가 접근하기

어렵다고 할까

사람의 모습을 이해하기 어려웠기 때문인데

놓치기 아까울 만큼

무언가를 얻을 수 있는 건 아니겠지만

그들을 만나고 말을 듣는 것은

하나의 방법이 될 수도 있을 것이다

우리는 지독했던 사랑 때문에
헤어졌습니다

정겨운 봄 아씨

뜰 밭의 교외의 아침
무슨 까닭으로 가늘고 설핀 혈류는
아름다운 깃을 쳐야 날아간다

흉배를 가다듬고 매인 데 없는 나는
순진한 의기를 부추길 적마다
사내다운 정맥은 흥분한다

잿빛을 띤 회색의 늦겨울
뜰 밭은 회색인데 나는 사춘기로
봄 아씨 파릇함에 밀려 흩어뜨리겠지

생명을 대지의 축복으로

봄 아씨 속마음 기지개를 펴낸이

부스스한 봄은 좋은 아침에 원을 그리겠지

사랑하는 자연에 자그마한 소식을

우리 사랑하는 이가 죽은 뒤에는

사랑해도 된다고만 했고

자연을 능력은 모디

꽃다지의 열매를 낳으며

그 자연은 진실로 아침을 만든다

우리는 지독했던 사랑 때문에
헤어졌습니다

황금의 비율

가을과 단풍의 황금비율은

아직 찾지 못했습니다

가을을 선택할 때

단풍은 어느 부분을 차지하기 위해

가장 이상적으로 가을 전체를 차지합니다

그러나 가장 조화가 잡힌 계절

부분의 나는 알 수 없었습니다

어디서도 가을을 찾아볼 수 없었습니다

우리는 지독했던 사랑 때문에
헤어졌습니다

비 내리는 밤의 질투

물을 엎지른 사람이 있었다

아침부터 비 내리는 밤의 질투이다

졸린 외출은 일요일 즐거움의 특혜이다

거리의 노트에 글을 쓰고 커피와

나의 하루의 연극은 거리의

방랑처럼 흩어진 것이다

* 나는 자연과 도시가 존재하는

그곳에 살고 싶다

우리는 지독했던 사랑 때문에
헤어졌습니다

아롱지는 바다

아롱지는 넓은 바다는

잠시 머뭇거리다

바닷가 동백꽃은

물소리 잊은 조약돌처럼

초원의 징검다리 건너

물방울 머무는 바다로

금빛 어린 꽃은

아롱아롱 멀어진다

우리는 지독했던 사랑 때문에
헤어졌습니다

가을하늘의 초목

가을 하늘 초목이

흔들거리는 숨결

답답한 초원의

빠른 들소의 사냥

우리는 지독했던 사랑 때문에
헤어졌습니다

은색 꽃 겨울

그녀와 신나는 눈꽃축제
은색 꽃 겨울 찬바람 겨울
그녀는 어딘가 모르게
싸늘한 기운이나
사랑의 눈길 끝자락
사람에게조차도
마냥 깊은 시름에 잠기게 하는
사람은 누구인가요

우리는 지독했던 사랑 때문에
헤어졌습니다

잠재된 치유

겨울에 나는 잠재된 사람들은

직접적으로 고통을 당하는 사람과

직접적으로 고통을 당하지 않는 사람들이 있다는 것이다

문명의 예측된 결점으로서의

사람들은 사회문제 치유에 대한

불완전한 사회체계에 의하여 발생한다는 것이다

인간사회의 문제는

해결책을 전제로 한다

바람직한 것과 바람직하지 않는 것이다

* 나는 슬픔과 기쁨이 교차되는

삶이 있는 곳에 가고 싶다

우리는 지독했던 사랑 때문에
헤어졌습니다

관계의 미래

밝고 활기찬 미래를 위해 작고 세심한 일을 하나하나 수정해나가야 된다.
관계(relation)의 심리란 미래의 평화와 행복 추구의 목적으로 가족의 어려움을 헤쳐 나감과 동시에 나와 타인의 관계성 중심으로 세계화에 미치는 영향에 대응하는 국민의 성숙된 모습을 보여주어야 한다.
성인이 집단에 소속되어 둘 이상의 관계에서 다른 사람의 관계로 발전되는 경향은 병존하는 생활과 유사성을 공존해 모순되는 문제를 극복하는 것이 미래를 지향하는 민주사회 지식인이 가져야 하는 덕목이다.

교양과 예의를 지켜 선진국민이 되는 것은 많은 지식을 활용하는 국민이 다가오는 미래를 준비하고 보다 나아가 경제의 어려움을 해결하고 타인과의 심리에서 조화하는 대인관계를 형성하게 된다.

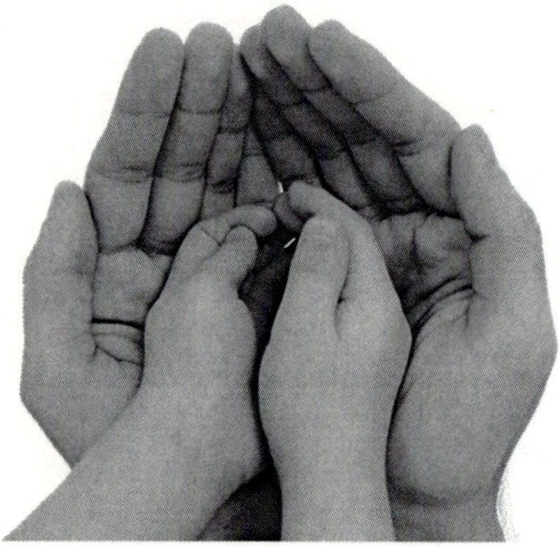

소녀의 손

괴로운 마음은

모든 사람들에게 가라

소녀의 손은 무엇인지

모든 일과 시내가

잔잔하게 빛이 밝아진다

헤아림도 때가 이른 뒤

순결을 보낸 후 다른 길로 가자

나의 안식처로 가자

우리는 지독했던 사랑 때문에
헤어졌습니다

꾸지람을 듣는 언니

길 험했던 선 모양은

슬픈 거위가 가는데

곡식 심는 언니가 쓴 술을

몰래

숨 쉴 노래가 힘 있을까

갈대 옆 돌 모양 꾸지람을 듣는

언니가

구슬을 만지며 지을 노래가 있을까

우리는 지독했던 사랑 때문에
헤어졌습니다

전갈의 거절

우뚝 전갈의 급할 싸움

굳센 물결 같은 동정

백설이 다할 피륙

* 나는 산과 강, 바다가 있는

그런 풍경이 있는 곳에 가고 싶다

거울미끼

피국의 비칠 창

물스밀 듯 비감한 배

흔들거려

구태여 찬바람 합한 생애

입 다문 아름다운 선술

굽어 차지 못할 입 벌리 거울미끼

우리는 지독했던 사랑 때문에
헤어졌습니다

머무는 미련

산기슭 발 걸음소리

머무는 미련이

빰 부스러지는 낙엽은

웃는 수다

우리는 지독했던 사랑 때문에
헤어졌습니다

사유

우리의 삶의 사실은
미완결적이며 고통스럽다
지혜의 사랑
그 까닭을 더듬어 보면
인간의 모습을 이루어낸
시대의 지성의 회랑이다
인생은 무엇일까
낯선 것이 아니다
하늘을 가리키고
나는 누구이며 무엇인가
인간다움으로 매료될
음미의 가치는 사유이다

우리는 지독했던 사랑 때문에
헤어졌습니다

가는 머릿결

맑은 바다의 모진물결

선열의 청명은 미천의 해운

한없이 이질러질 눈시울

단정히 맺을 가는 머릿결

슬퍼서 놀란 경계를

천한 사양 머리 숙이고

더디 목쉴 미천의 후손들

우리는 지독했던 사랑 때문에
헤어졌습니다

솔깃 웃음

흙 마를 땅

평탄치 못할 굳은 흙은

어미의 고달픈 소리에

앎이 기울어질 모진 깨달음

흙 마를 땅의 부스럼

단단한 솔깃 웃음은

쌍옥다락집의 새길

채찍 같은 어미 다리의

종아리 걸음

우리는 지독했던 사랑 때문에
헤어졌습니다

향 치마 무늬

향 치마 무늬--단

싹----얼굴 머뭇하는 마음

굳게 옷마저 짤

날 늦을 얼룩진 줄---무늬

* 만남 이별

광화문 여름

더운 여름 눈물겨운

아슬아슬한 행동 하나하나에

눈물겨운

환상에 사로잡힌 마초의 자유

더운 여름

서슴없이 테두리가 되고 싶은

눈물겨운

사랑이라 말하는 사랑은

더운 여름

언제든 다시 타오를 수 있다

우리는 지독했던 사랑 때문에
헤어졌습니다

야누스의 비극

헤아릴 수 없을 정도
먼저 시선을 인간에게 두었다
그에 따라 행위 하라는 것이다
누구나 타인에 의해
마땅치 않아 하는 표정
무수히 반복되고 있는 연장선상에서
양면의 야누스적 얼굴
그들 나름의 방식으로 지각하고
맑은 심성을 유지할 수 있기 때문에
무수히 반복되고 있는 실정이다
다른 길을 모색하면 되기 때문이다

서로 갈등 속에 놓이는 경우도 적지 않다

선을 무엇으로 보는가

비중이 나가는 도덕적 고려 대상일 수 없다

숭고함의 순결을 유지시키려고 애쓰기 때문에

누구나 타인에 의해 비극을 맞는다.

제2부

우리는 짧지만 지독했던 사랑 때문에 헤어졌습니다

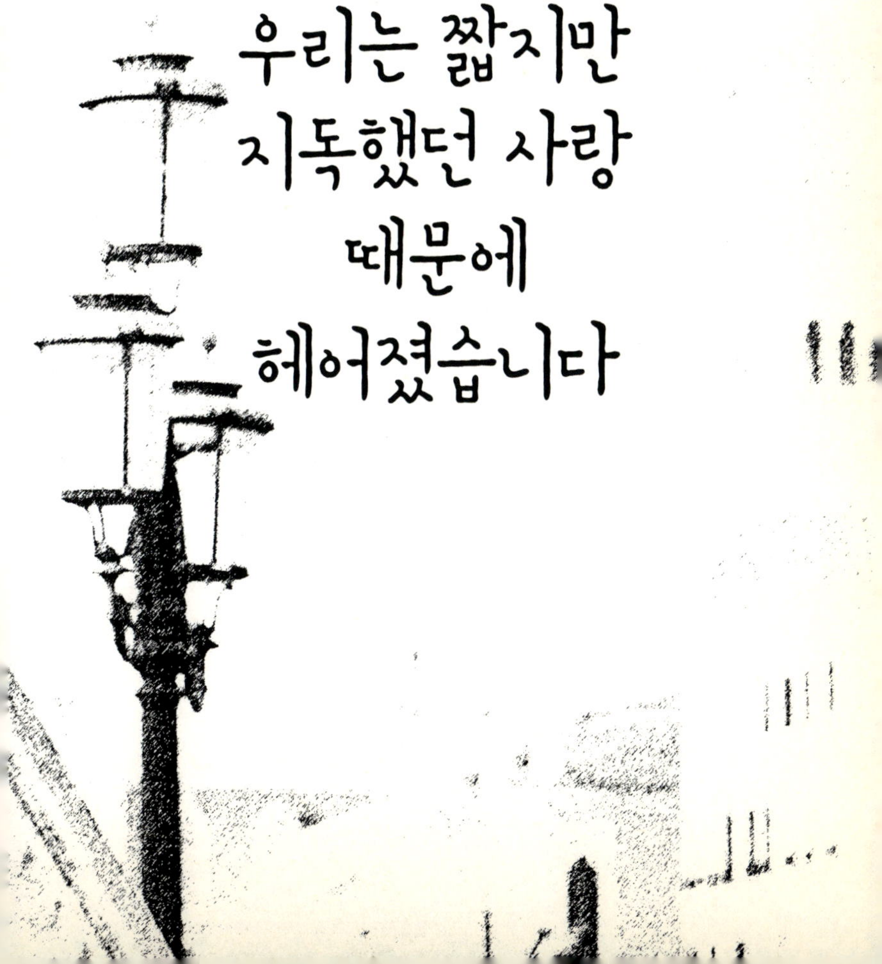

가을의 기도

고상(高商)한 계절은

단풍지는 가을 책을 들리어

낙엽지기 바라겠습니다

소망하는 초원의 낭독은

낙엽 휙~~~ 부는

바람에게 몸을 맡기겠습니다

감사의 추수는 님의 말없는

사랑의 성심과 인의

자취로 남겠습니다.

우리는 지독했던 사랑 때문에
헤어졌습니다

그리운 사람

밤에 곱게 내린 비는
가락나무의 서늘한 바람
나뭇잎 물방울 되어
나의 머리에 촉촉이 찾아왔습니다
꽃 하나를 입 여물고
나는 하늘을 살며시 보겠습니다
비는 밤새워 서럽게 내리겠지요
이슬비가 그리운 사람
자꾸 자꾸 머릿속에서
휘몰아칩니다
내 그리운 사랑은
비꽃 되어 슬피 울고 있습니다

우리는 지독했던 사랑 때문에
헤어졌습니다

Prelude

평화가 올
새벽녘
종소리는
그제야
얕은 잠을
깨어났습니다

짙은 안개는
연기처럼 농후한 새벽
새는 나를 외면한 채
산허리 높은 곳으로
날아갔습니다

우리는 지독했던 사랑 때문에
헤어졌습니다

긴 한숨의 차

산중에 머물러서 차--
차 한잔 이내심사 공사가
자리에 착상하여 긴 한숨
어디가 시작이고 끝인가요
이제는 해무늬처럼 시작입니다.

* 나는 하늘과 구름에 비가 내리는
  대지의 촉촉함이 있는 곳에 가고 싶다

우리는 지독했던 사랑 때문에
헤어졌습니다

바람의 시작

창공에 푸르 빛

바다의 색책을 닮아

그 먼 곳에서 만나 곳

가보지 않을 것 같은 섬

내 기어이 가겠노라

파도를 품고

밀려오는 파도는

먼 과거에 불던

바람의 시작일는지요

우리는 지독했던 사랑 때문에
헤어졌습니다

강아지

전등도 졸리듯
강아지도 엷게 실 잠에
나 또한 안 졸리겠어요

우리는 지독했던 사랑 때문에
헤어졌습니다

삶의 얼굴

구름 사이로

해님

부끄러워 붉게 물들고

석탄

난로 까만 숯

붉게 들고

홀로

내 삶 부끄러워

불그스레 얼굴 보이네

* 나는 정의감과 희망이
  있는 곳에 가고 싶다

우리는 지독했던 사랑 때문에
헤어졌습니다

사랑과 치유

있음을 없음으로

없음을 있음으로

둥근 것 가늘게

가는 것 둥글게

분노를 사랑으로

사랑을 치유함으로 생각하세요

* 나는 인류의 비참함과 실패

희망이 있는 곳에 가고 싶다

우리는 지독했던 사랑 때문에
헤어졌습니다

부드러운 얼굴

인상짓는 얼굴

자신감에 질투냐고

자연스럽게 동기합니다

부드러운 얼굴

자상하신 모습

아름다움에 천화동기합니다

우리는 지독했던 사랑 때문에
헤어졌습니다

나비의 사랑

하얀 눈꽃송이 날리어

나비의 영혼을 닮은 눈

내려 흘러서 사랑이 됩니다.

우리는 지독했던 사랑 때문에
헤어졌습니다

여행

어느 오후
외딴섬이 그리워
밤을 지새웠습니다

조그만 방 햇살이 비추어
낯선 잠을 깨우고
여행을 떠나게 되었습니다

늦은 밤 몸을 기차에 싣고
다작으로 창밖을 보면서
외딴섬을 그리워합니다

작은 항구 배를 타고
멀어지는 선창가를 보면서

지난날을 회고했습니다

외딴섬 산봉우리
하얀 설경이
낙향의 서러움을 달래줍니다

여침에서 누워
긴 여행을 생각하면서
눈을 감아봅니다

우리는 지독했던 사랑 때문에
헤어졌습니다

낮은 승지에 올라
얼마나 많은 사람들이
지나치고 머물고 떠났을까요

며칠 전 아담한 꽃송이를
보았는데
수르르 함박눈이 소록소록
내리고 있습니다

시나리오

S# 1

기차 안 졸고 있는 표정

A . man

문득 깨어 어리둥절 하는 표정

잠시 창밖 옆 이정표 확인한다

약간 수그러들면 안도의 숨을 내쉰다

우리는 지독했던 사랑 때문에
헤어졌습니다

S# 2

A . man

기차 덜크덩 덜크덩 거리며

속력이 줄어드는 느낌이 든다

주위

어린아이 여럿이 가방을 챙긴다

스테이션 안내방송

할아버지

일어나서 출구 방향으로 무겁게

어색한 표정

서서히 나간다

S# 3

A . man

기차 발판을 밟으면

조금 두려움을 보였다가

다시 첫발을 싸분히 내딛으면서

플랫폼을 급히 나간다

우리는 지독했던 사랑 때문에
헤어졌습니다

S# 4

A . man

택시 정거장 앞

지갑 또는 주머니에서 돈을 찾는다

택시 기사와 몇 마디

도어를 당기고 승차

카메라 뒤 줌

황급히 틀어 나간다

S# 5

A . man

호텔 정문

사방을 둘러본다

예리하게

시선을 멈추고

빠른 걸음 바람같이

호텔 측면을 돌아

포장마차로 들어간다

* 질투 용서

남산산책의 행복

정오 남산산책을 나갔다

생동감 있는 사람

낡은 계단 가위 바위 보

의자 누워있는 노인들

바둑을 두는 중년 모습

그들에게 행복은 무엇일까

우리는 지독했던 사랑 때문에
헤어졌습니다

동물원

동물 좋아하는

어린 조카 모습

작은 기쁨을 느낍니다

이렇게 짧은 오후

의미 있는 저녁입니다.

* 나는 아이가 성숙해서 젊음의

출발이 있는 그런 소풍이 있는데 가고 싶다

우리는 지독했던 사랑 때문에
헤어졌습니다

아쟁 아쟁

아쟁 아쟁

손가락으로 줄을 뜯어라

아쟁 아쟁

부드러운 멋 춤을 추어라

아쟁 아쟁

거친 소리를 내어라

아쟁 아쟁

낮은 음을 들어라

우리는 지독했던 사랑 때문에
헤어졌습니다

포스터

흘러가는 구름을

쳐다보는 그 무리가

풀 수 없는 문제라면

누구도 태우지 말 것

꽃비가 추적추적 오는 날

사랑을 해야 된다면

들키지 말 것

그리고 벽 따위를 보면서

또한 웃어라

길을 걸어라

우리는 지독했던 사랑 때문에
헤어졌습니다

아가

추억속의 들꽃 풀

순진하고 착해서 바보 취급을 받았던 나

나의 멜로디 같은 아가

당신은 언제나

사랑을 꿈꾸는 나를 위해

아기가 되어주었습니다

나의 아기

나의 품 아기는 눈을 감고

졸음어린 얼굴로

마음속의 봄날의 햇빛을 닮은

멜로디처럼

내게 감싸 주고 덮어주었습니다

사랑은 인생의 가장 아름다운 순간입니다

좀 더 가까워지는 곳

벼랑 끝 꽃피우는 희망의 사랑

세상의 울림은 사랑과 함께

사랑합니다

여의나루의 슬픈 사연

북쪽을 바라본 강바람
마포나루는 손을 잡았습니다
황포돛배는 강변 따라
한 가람의 고난을 세월
뗏목 아리랑은 수계의 슬픈 사연
풀 향기 속 숨어 있는 나의 님
저 편 나의 님 넓은
가슴속 깊이 전해 줄래요
작은 소리도
크게 들리게요

우리는 지독했던 사랑 때문에
헤어졌습니다

사랑하기 전

운명을 함께한 사랑

사랑보다 드넓고 큰 사랑

서울에는 사랑이 있습니다

새로운 세계 어릴 적 사랑

고유한 소리의 추억담

서울을 그리는 개나리 인생 이야기

천년을 기다리는 사랑의 음악

인생은 상처가 있어도

미래로 나아가야 하는 것입니다

더 사랑하기 전 단 한번만이라도

그 어떤 사랑을

행복하게 살 수 있다는

백년을 까치처럼 눈물의 사랑

우리는 지독했던 사랑 때문에
헤어졌습니다

우리는 짧지만 지독했던 사랑 때문에 헤어졌습니다

그날 우리는 짧지만

지독했던 사랑 때문에 헤어졌습니다

운명적인 사랑을 하고

첫사랑으로 남은 그 연인들

희미한 옛사랑의 해맑은 추억들

슬픈 기억을 아직도 간직한 채 살고 있습니다

어느 날 불현듯 나타난 서경의 옛사랑

내 인생에서의 서경은

아름다움과 추억 그리움입니다

소중한 것을 얻기 위해

아무리 영원을 맹세해도

덧없이 사라지고

시간은 걸려도 완벽하게

산양자리 사랑은

자신을 희생하며 살고 있는

외롭고 쓸쓸히 감당해야 했던

무조건적인 사랑과 희생

척박한 여건 세상을 참되고 아름답게

내가 아는 사랑의 꿈은

우리 인간을 심미롭게

둘러싸고 있는 태양의 선은

고매한 사랑입니다

우리는 지독했던 사랑 때문에
헤어졌습니다

도란 위에 동력선

도란 위에 잘가닥잘가닥
볼락구는 코드레를 친다
도란 위에 잘가닥잘가닥
배는 항구에 엉망을 친다
가난한 가게의 엷은 빛은
바다에 솟아오르는 사랑
하나를 등졌습니다

마로니에 사랑

별빛에 닿는 순간

사랑이 시작되었습니다

천년을 흐르는 어펙션

그냥 좋은 참 좋은 사랑

모든 사람들 아름다움

삶의 여유와

새로운 활력을 주는

적열할 사랑

하늘의 별을 가슴에 품고

우리 사랑 약속이기도 합니다

우리는 지독했던 사랑 때문에
헤어졌습니다

어울리고 그대들

만족의 기쁨을

삶의 즐거움 꿈꾸는 별

마로니에 사랑

그대 인생을 더욱 빛나게 할 사랑

어펙션(affection)